ロシア・ノート

アンナ・ポリトコフスカヤを追って

QUADERNI RUSSI
SULLE TRACCE DI ANNA POLITKOVSKAJA

イゴルト 作　栗原俊秀 訳

花伝社

私の人生？　チェチェンで起きたすべての出来事、チェチェンで
目にしたすべての出来事が、私をより成熟させ……
より良い人間にしてくれた。

アンナ・ポリトコフスカヤ

これはサイレンサーつきの「マカロフIZH」。
モスクワのレスナヤ通り8番地に立つ自宅の
エレベーター内で、この銃がアンナ・ポリトコフスカヤの
命を奪った。こうして、2006年10月7日、ロシアの
良心にとって重要な光が永遠に消え失せた。
偽装した民主主義、ソ連学者が「独裁型民主主義」と
呼ぶ体制の残虐さが、本性をさらけ出した。

2006年10月7日、アンナが殺されたという報せに触れたとき、私はひどくショックを受けた。ふだんは本や物語の話ばかりしているブログに、事件のことを書きこんだのを覚えている。

そのときはまだ知らなかった。3年後、自分があのエレベーターに乗ることも、アンナと深い親交があった人たちと言葉を交わすことも。

なんらかの意味を求めて、私はアンナの足跡をたどりなおすことになる。もっとも、疑問は増殖するばかりだったが。

* モスクワ

理解しよう、記録しようと努めて、私はウクライナ、ロシア、
シベリアで約2年を過ごした。ソ連邦とはなんだったのか？
70年以上続いた政体の下で、どんな生活が営まれていたのか？

そしてとりわけ、雪に覆われた道々で出会う呆けたような
住人たちに、政体はなにを残していったのか？

だが、私の質問にたいする答えは「風に舞っている」わけでは
なかった。どこまでも広がる白い大地は、期待していたような
安らぎも慰めももたらしてくれなかった。モスクワで
過ごしたあの冬、私は手で触れられるような緊張を、
日増しに募る居心地の悪さを感じていた。
この感情をなんと呼べばいいのか、私にはわからなかった。
今日、母なる偉大なロシアは、人権のために闘う人びとと、
紛いものの真実では満足できない人びとに、
過酷な運命を背負わせている。

独裁型民主主義

私たちはみな、同じ血でできた人間だ。この戦争のあいだ、
川の水のように流れるのを目にした血、私たちの体のなかを、
アドレナリンが放出されるように駆けめぐる血。
その血が私たちをいざなうのは、扉のない暗がりの部屋だ。
ついにアドレナリンの効果が切れると、自分がどれだけ
孤独か思い知らされる。私たちは、わかりあうのに言葉を
必要としない、自分と似たような人間を探しまわるよう
強いられている。ほとんどの人は経験せずに終わるであろう
事柄を、人生を通じて知った人たち。

私たちの秘密を、「戦争」と呼ばれる秘密を共有できたら
いいのにと思う。でも、平和に暮らしている人は、戦争に
ついて知ろうなどという気は起こさない。

アンナ・ポリトコフスカヤ、「ノーヴァヤ・ガゼータ」、2001年10月29日

アンナはもう、友人たちが相手であっても、その話題について
話せなくなった。チェチェン。アンナの心にとりついて離れない
その話題は、場の空気を悪くするだけだった。
「私はこの目で見たことを書く」。これは意思表明である以上に、
手法の表明だった。戦場でのリサーチを通じてアンナはプロの
ジャーナリストに成長し、やがてそれは彼女が生きる理由となった。
アンナの共感、耳を傾け痛みを分かち合う能力は、
自身の手法の限界を乗り越えていく力をアンナに与えた。
もう、書くだけ、見るだけではいられない。これからは、
虐殺の犠牲者に寄りそう立場に身を置くのだ。
おそらく、ほかのジャーナリストであれば、職業人として
穏やかに距離をとり、注意深く見つめるだけでよしとしただろう。
アンナは日々、記録のためにペンを走らせつつ、目の前で
繰り広げられる残虐行為に、もっとも単純で、それゆえに
もっとも痛みをともない、もっとも困難でもある手法で
立ち向かった。取材対象とのあいだに保つべき距離を、
アンナは消し去ろうとした。ジャーナリストとしてではなく、
たんに、ひとりの人間としてあるために。
彼女はそのせいで、死の宣告を受けることになった。

誰かがアンナのマンションに引っ越してきた。建物の質素な扉の前に
トラックが停車して、段ボール箱、スーツケース、家具一式を手早く
降ろしていく。私はなかに入り、エレベーターに続く階段をのぼった。

この階段を、アンナは何度のぼったのだろう？

写真のなかで、映像のなかで、アンナが
何度も殺されたエレベーター。

なかに入ると、クリスマス飾りのような絵が
壁に描いてあった。妙な感じだ。間に合わせで
描いたみたいな、なんともぞんざいな絵だった。

血の染みが喚起する記憶を
覆い隠すために描かれたのか。
自然と、そんな考えが頭をよぎる。

真実のために死んだ。48歳だった。私たちが生きるこの時代にロシアで起きたことだ。アンナは命がけで、不都合な事実を公表した。

それでも、生活は続く。多くの人にとって、アンナの死がもたらした動揺はにぶい傷みに変わり…

…やがて、無為の時間がその傷みに取って代わった。

事件当日、アンナは入院中の母親を見舞い、ロシアの病院では常時不足している医療品を買いにいった。

殺人犯はアンナを待ち伏せし、自宅まで尾行した。私はいま、その狭苦しいエレベーターに入っていく。4発の銃弾から逃れるために、アンナはむなしくもここに逃げこんだ。胸と頭を撃たれた。最初の2発で、心臓の鼓動がとまった。

扉が閉まりかけたとき片手が差しいれられた。

扉が開くと、少女とその母親が入ってきた。

*¹ アンナ・ポリトコフスカヤ　*² ベスラン　*³ ドゥブロフカ　*⁴ チェチェン

3人で上にのぼる。アンナ、きみは何度
この少女と顔を合わせたのだろう？

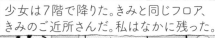

少女は7階で降りた。きみと同じフロア、
きみのご近所さんだ。私はなかに残った。

8階に引っ越しの荷物があった。
私は「1」を押して下におりた。

最後の荷物を運び出している
引っ越し業者にあいさつを送る。

レスナヤ通り8番地に立つこのマンションの玄関先で、
別の女性が殺されたこともある。
髪の色はグレーで、年のころも体型もアンナに近かった。
そのころ、アンナはウィーンにいた。
子どもたちが電話で、事件について母に伝えた。
「私たちの町にお似合いの事件ね」。アンナはそう
コメントした。子どもたちは、この人はどこまで本気なのかと
疑いながら、あまりにも明白な事実を母に説明しなければ
ならなかった。「母さん、わかってるの？　犯人が殺そうと
したのは、母さんなんだよ」

正しき者のためのレクイエム

（2009年1月19日）

1月のモスクワにしてはそこまで寒くない灰色の午後、
アンナの家をあとにした私は、クレムリンの方角へ歩いていった。

クレムリンから歩いて6分の距離にある、プレチステンカ通り沿いに立つベージュ色の
建物の前では、歩道が花に覆われていた。壁には写真と、「ロシア、それは死」と
書かれた小さな旗が掲げられている。

こうして私は、アンナの友人で「ノーヴァヤ・
ガゼータ」の弁護士でもある、スタニスラフ・
マルケロフが殺されたことを知った。

同新聞の記者であるアナスタシア・バブロヴァも、
彼とともに命を落とした。

恐れることなく

1月19日、モスクワの中心市街で、記者のアナスタシア・バブロヴァと
弁護士のスタニスラフ・マルケロフが、至近距離から銃撃され
殺害された。スタニスラフが請け負っていたのは困難な任務、
危険かつ絶望的な事案だった。このモスクワの弁護士は、
長らくチェチェンに通いつめ、絶え間ない尋問と拷問に
さらされる人びとや、失踪者の親族に寄りそってきた。
彼はまた、アンナ・ポリトコフスカヤの殺害についても調査を進め、
首謀者と実行犯にかんする新しい情報をつかんでいた。
アナスタシア・バブロヴァは、昨年10月から「ノーヴァヤ・ガゼータ」で
働きはじめ、数々の殺人事件について調べていた。25歳の
アナーキストだった。スタニスラフが殺されたとき、彼女は殺人犯を
捕まえようとしたが、返り討ちにあって死亡した。スタニスラフと
「ナスチャ」は年来の友人だった。自分たちが追いかけている案件が
どれほど危険か、ふたりはよく知っていた。

「ノーヴァヤ・ガゼータ」（2009年1月20日付け）より

ここモスクワでは、暴力による
死は徒歩で近づいてくる。

アンナはスタニスラフをグロズヌイへ
連れていった。ロシアの特殊部隊による
拷問に苦しむ哀れな人びとや…

…自分の子どもが虚無へ消えるのを
目にした親たちを護るために。

まだ35歳にもならないのに、とても
有能な弁護士だった。アンナが死んだ
あとも、彼は立ちどまらなかった。

それどころか、アンナの殺害にかんする情報を集めはじめた。触れてはならない人びとに
接触し、牢屋へ導き、有罪判決を受けさせた。殺害予告を受けてもなお、スタニスラフは
ひるまなかった。

早く行こう

わが祖国よ…

地下鉄のドミトロフスカヤ駅で5人の若者から暴行を受けた。11月24日には
尾行され見張られていることに気がついた。それでも立ちどまらなかった。

アナスタシアは数か月前から新聞社に勤めていた優秀な若者だった。

FWOP

友人たちによると、アンナの記事を読んで「ノーヴァヤ・ガゼータ」で働きたいと思うようになったそうだ。

肺を満たす空気にも、この国の残虐さが漂っているようだった。不安がまとわりついて離れない。ここでは、人の命には2コペイカの価値もない。

モスクワではチェチェンの特殊警察をよく見かける。彼らはみな、特別な身分証と殺しのライセンスを所持している。町の主人のように振る舞い、誰のことも恐れない。道ばたで人をさらったり、目につく相手を痛めつけたり、はては殺したりしてもおとがめなしだ。

彼らはなにをしても許される。　　　（2009年1月の「ノーヴァヤ・ガゼータ」より）

スタニスラフ・マルケロフはアンナ・ポリトコフスカヤとともにグロズヌイを訪れた。弁護士として、アステミル・ムラルドフを護るためだ。ムラルドフの息子は2001年、激しい暴行を受けたあとに姿を消した。

18歳で誘拐されたエリザ・ヴィサエヴナ・クンガエヴァの父親のことも弁護している。

エリザはじゅうたんに巻かれ、拷問され、レイプされ、坐った姿勢で埋められた。

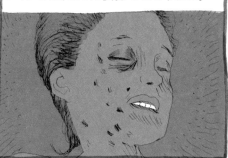

２００３年以降、アンナとスタニスラフの仕事を通じて、人家もまばらな
コーカサスの一地方でなにが起きているのか、徐々に知られるようになって
いった。ムラルドフの息子の件で有罪判決を受けたのは、
セルゲイ・ラーピンという人物だった。検事総長がためらいを見せるなかで、
ラーピンには禁錮11年の判決が下された。

目まいを起こしそうな感覚に覆われたチェチェンから、アンナが発信して
きたニュースのとおりだ。

エリザの件で牢屋に入れられたのはブダーノフ大佐だった。マルケロフの
携帯電話には、こんなショートメッセージが送られてきた。
「どんなふうに自殺したいか、よく考えておけ。臓器移植の
センターに行って、お前の臓器を売り払ってこい。決心はついたか？
それがいやなら、俺たちが無料で引きとってやる」

ムサーの物語

（記録日：2000年3月23日）

とりあえず、俺のことは「ムサー」とでも呼んでくれ。俺は21歳で、1979年にチェチェンのグロズヌイで生まれた。

2000年の1月16日、俺は弟や母親といっしょにバスに乗っていた。グロズヌイから、カラブラクの親戚のもとへ避難するところだった。

うわっ
ロシアの検問だ

とまれだって

近くの乗客が小声で祈りを唱えだした。音もなく動く唇を俺は見ていた。それからロシア兵は、俺たち全員をバスから降ろした。

なぜ俺がつかまったのかわからない。たぶん、大人だったからだろう。

俺のほかに10人がつかまった。そのうちの2人はまだほんの子ども、
12歳と14歳だった。

* 「ジハードの遂行者」の意。イスラームの武装ゲリラの呼称。

濾過収容所、チェルノコゾヴォ、14時36分。

CLACK

地獄へ
ようこそ
獣ども

侮辱されるだけなら慣れっこだが…

あきらめろ
ここから出たい
なら 死ぬか
不具になるかの
どっちかだ

このクズ!

それ以後、俺は日に何度も
乱暴され、拷問を受けた。

死にたかった。心臓が
とまればいいと思った。

1月18日、俺は「人間廊下」へ連れていかれた。通り抜けられる
やつは滅多にいない。死期が目の前に迫っていた。

大音量の音楽が流れ、やつらは興奮にとりつかれる。

俺はそこを歩かなきゃいけない。こん棒や鉄棒やハンマーが雨のように降りそそぐなかを。

廊下の途中で立ちどまれば、それは死を意味する。

夜はもう寝られなくなった。あの恐ろしい日々の記憶が
頭にまとわりついて離れない。

17歳にも届かないある少年は、鉄のワイヤーで
歯を切られた。あれは恐ろしい光景だった。

チェチェン
の狼が
牙を
なくしたぞ

はっはっは

唇をぐしゃぐしゃに
つぶされたせいで、少年は
喋ることもできなくなった。

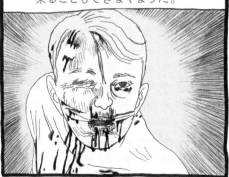

人間の残酷さは想像力を
刺激する…

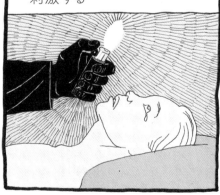

* チェルノコゾヴォ

ライターの火に焼かれて重度の火傷を負った男性の手を
俺はいまでも覚えている。

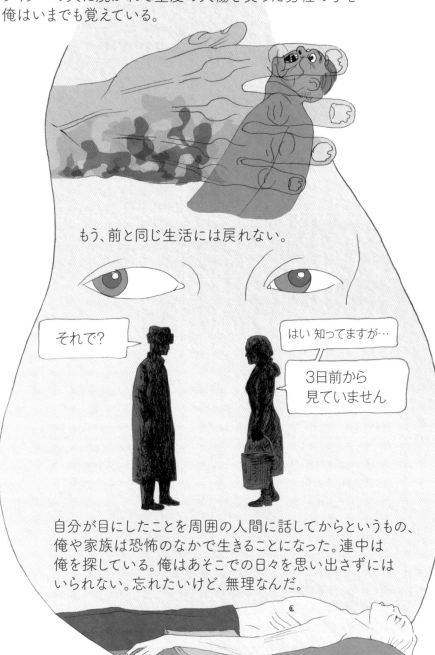

もう、前と同じ生活には戻れない。

それで？

はい 知ってますが…

3日前から
見ていません

自分が目にしたことを周囲の人間に話してからというもの、
俺や家族は恐怖のなかで生きることになった。連中は
俺を探している。俺はあそこでの日々を思い出さずには
いられない。忘れたいけど、無理なんだ。

兵士は残忍だった。幼さの
残る収容者もたくさんいた。

まだ16歳の
ダヴィデンコ村出身の
少年がいた。

彼もレイプされた。

独房に連れ戻された
ときには、もう自分の足で
立てなくなっていた。

少年は耳を切り落とされた。

痛いか?
え?

返事しろ
この
ゴミめ

はい…

クズが
いいザマだ

少年を辱（はずかし）めるために、兵士たちは彼を「マリア」と呼んだ。

「チェチェンは
内政問題であり
ロシアには武力を
用いる完全な権利が
ある…

お茶を
淹れようか?

なにもいらないよ
母さん

それより
ラジオを
消して

いわゆる
チェチェン・ゲリラとは
たんなるテロリストに
ほかならない
ウラジーミル・プーチン
大統領はそのように…」

記憶が平穏をかき乱す。俺を内側からむしばんでいく。

わかった
ラジオを消すわね

ゆっくり休みなさい
すこしは寝るのよ

俺は何週間も前から
動けずにいる。
母さんと姉さんが
毎日拭いてくれる
のに、俺の体は
ひどく臭う。まるで
腐っていくみたいに。

イングーシ共和国にある金属板のぼろ家が、俺たちの家だ。
夏はむせかえるように暑く、冬は凍えるほどに寒い。

昨日の夜は
暑くて寝られなかった
みたい

気候が良い日は窓を開ける。すると、家からそう遠くない
場所にある、樺の木の林が見える。

アムネスティ・インターナショナルの公式見解では、医師による緊急手術が
なければ、ムサーの体には生涯にわたって麻痺が残った可能性があるという。

司法がまともに
機能しない
あのような環境下では
アンナの調査は
不幸にも
犯罪調査の形を
とらざるを
えませんでした

アンナのテーマは
失踪、誘拐、拷問、
民間人の死亡事件、
略奪、強姦などです

アンナが執筆する
レポートはつねに
複数の証言に
もとづいていました
証言のあいだに
食い違いがあるときは
異なる視点を並置して
読者に提示しました

彼女はガリーナ・アッケルマン。アンナの友人で、アンナの本のフランス語訳者でもある。パリのイタリア広場から歩いてすぐの仕事場で、私は彼女から話を聞いた。

ロシアにはアンナの
敵がたくさんいました
アンナは多くの人から
ヒステリーだとか狂信者
だとか呼ばれました
アンナの言うことは
すべて真実であると
納得するには
アンナをじかに知る
必要があったのです

目撃者からどのように
証言を引き出すか
私はアンナの仕事ぶりを
この目で見てきました
神経質と言いたくなる
くらい慎重な人でした
また聞きの話でよしと
することはけっして
ありませんでした

自分の体験を
伝えたいと願う人物から
手紙を受けとったり
面会したり…
ときにはアンナみずから
チェチェンまで
おもむきました

その一例が、2000年に第160戦車連隊に所属していたバグレーエフ中尉のケースだ。この部隊を指揮していたのはユーリー・ブダーノフ大佐。のちに、エリザ・ヴィサエヴナ・クンガエヴァという若い女性を誘拐、拷問、殺害した廉（かど）で告発される人物だ。

バグレーエフはブダーノフから護衛を命じられた。酒に酔ったブダーノフとフョードロフ大尉は村の住人を適当に撃って遊ぶことにした。

見ろ
泡食って
逃げてくぞ

ハエの
フンめ

だが、バグレーエフは発砲を拒否して約10人の命を救った。この情報に接したアンナは、事件について調査を進めた。

TATAT

食らえ！

PAM

ほら 大佐
私がリード
してますよ

PAM

44

バグレーエフは上官の命令を拒否したために罰を受け、
生石灰を体にかけられて火傷を負ったことをアンナは突きとめた。

そして、地面に掘られた穴に数日のあいだ放置された。これは、チェチェンの
市民にたいするよくある仕打ちだ。

フョードロフ大尉は穴のなかに　　おりていって、バグレーエフの耳を噛みちぎった。

アンナは国防省に宛てて書簡を認（したた）め、バグレーエフ中尉に勲章を授与するよう要請した。

実際にはバグレーエフは除け者にされ、裏切り者と呼ばれた。

このような事例にたいして勲章や褒賞を与えることは想定していないと国防省は返答した。

アンナはこうコメントしている。「ここには価値の転倒が認められます。賞讃すべきこととそうでないことが、入れ替わっているのです。バグレーエフは軍人として劣っていると見なされていますが、私たちにとっては英雄です。なぜなら10名の無防備な人びとに発砲することを拒否したからです。彼は偉大な人物です」

アンナはクレムリンと対峙するなかで、事実にたいする
冷ややかな無関心に抵抗しなければいけないことを
ただちに悟った。誰ひとり逃れられない、私たち全員に
かかわる脅威を理解すること。それが彼女の使命となった。
アンナはひたすら記録していった。権力乱用、残虐行為、
拷問、人を人とも思わない殺人事件。

写真に次ぐ写真、映像に次ぐ映像、証言に次ぐ証言。
記録が果てしなく積みあがる。
一歩も引かず、安易な一般化を避け、詳細に記述する。
証拠を集め、記憶にとどめ、鋭く単純な言葉で伝達する。
その文体は乾いていて、しかも同時に、彼女が愛した
トルストイの文章のように、深く人間的でもある。

アンナ・ポリトコフスカヤ、チェチェンの問題にかかわり
はじめてわずか７年にしかならないこの女性は、現実の
前で目を見開いた。一から良心を築きあげ、彼女の文章を
読むロシア人に目を覚ますよう促した。
だが、戦禍はますます深まっていく。それはアンナの記事が
良心を覚醒させ、論争を引き起こし、脅迫を誘発していた
矢先のことだった。10月の雨降る晩、突然に、モスクワの
ドブロフカ劇場で、対立が火を噴いた。

ドブロフカ劇場の危機
（2002年10月23−26日）

モスクワ、2002年10月23日。男女合わせて40名からなる
チェチェンの武装勢力が、ミュージカル「ノルト・オスト」の観客
（約850名の一般市民）を人質にとり劇場に立てこもった。

武装勢力はチェチェン独立派に
属していることを表明した。

グループはチェチェンからの
ロシア軍の撤退と…

…第2次チェチェン戦争の終結を
要求した。前例のない危機に
ロシアはショックに見舞われた。

事件勃発から間もないころ、
仲介役としてアンナが呼ばれた。

破れかぶれです

いつ死んでも構わない
覚悟はできていると
言っています

下がって
ください

*モスクワにおけるチェチェン人のテロ

ドブロフカ劇場の占拠中に録音された、チェチェン武装勢力の声明。

すべての国家には自己の運命を決定する権利がある。
ロシアはこの権利をチェチェンから剥奪した。

アッラーはわれわれに自由の権利を、みずからの運命を選びとる
権利を与えた。

ロシアの占領者はチェチェンの大地を、
われわれの子どもの血で赤く染めた。

ロシアの一般市民はチェチェンで宗教の指導者が、女性が、子どもが、無辜（むこ）の民が死につつあることを知らない。

だからわれわれはこの道を選んだ。チェチェンの民の自由のために。

どこで死のうと同じことだ。だからわれわれはここで、モスクワで死ぬことに決めた。

数百の罪人（つみびと）を、われわれは道連れにする。

われわれの同胞の多くは死んだ。人びとは彼らを「テロリスト」、「犯罪者」と呼ぶ。

真実を明かすなら、ほんとうの犯罪者はロシアである。

冬

アンナなら
あの事件を
もっと違う
結果に導く
ことができた
はずだと私は
信じています

武装勢力のメンバーはアンナと
対話することを受け入れました
誰もがアンナのことを知って
いたし 尊敬していました
ジュースと水の差し入れを
武装勢力が認めたとき
希望の光が射しこみました

犯行グループは
一部の子どもの解放
すら認めたのです

なのに ロシア内務省は
突入作戦の決行を決め
ろくな説明もないままに
アンナを追い払いました

まさに地獄でした 救助隊の
統率もひどかった 人質の
なかには ほかの誰かの体の
下敷きになって 苦しみもだえ
ながら圧死した人もいました

病院側も
どう対処すればいいのか
わからずにいました
政府がガスの成分を
秘匿したせいで 解毒剤を
用意できなかったからです

よりよく生きることを望みながら、それができずにいる人びとを
たくさん見てきた。この人たちはやがて、平気でいるような振りを
するために、自分に嘘をつくようになる。私の価値観に即して言うなら、
これは葉の陰に隠れて生えるキノコと同じだ。いつかかならず
誰かが見つけ、採って食べてしまう。
人として生まれたなら、なにもキノコのように振る舞う必要はない。

アンナ・ポリトコフスカヤ

アンナはこうも言う。ホモ・ソヴィエティクス*は成長し、勇気を奮い起こす。
かつて噛みしだき吐き出したものを、ふたたび乗り越えていけるだろうか？

ガスを使った突入作戦から
2年間、当局は犠牲者に
なんの慈悲も示さなかった。

この人たちは突入作戦が
原因で死んでいった。
ストレスや脱水症状…

* ソヴィエト的人間

ごく一部の犠牲者のみ、「不特定の化学物質」が原因で死亡したことが
認定された。大多数のロシア人は卑劣にも沈黙し…

当局の公式発表を飲みくだした。この態度が、
私たちの国に厳冬の政治を招きよせた。

* クレムリンからの祝賀

脅威の季節はなおも続いた。長期的な軍事作戦のもと、100万人を
超えるロシアの兵士がチェチェンというちっぽけな国家に送りこまれ、
戦争に明け暮れた。この地獄への旅路を通じて、兵士たちは永遠に
忘れられない教訓を胸に刻んだ。

チェチェンの地獄で過ごす前と後では、人生は別物になる。

たとえば、アルカジー・バプチェンコのケース。彼は18歳で
チェチェンの戦場に送りこまれた。

そうして彼は、深い苦悩を抱えこんだ。家に戻るなり、バプチェンコは
文章を書きはじめた。しかし、自分の書くものにどうしても納得できず、
志願兵としてコーカサスに戻り、ふたたび戦場に馳せ参じた。

「まるで、肉体は日常に帰ってきたのに、心は戦場にいるようだった」

バプチェンコはそう告白している。そうして彼は、不条理な苦悶と
非道がはびこる世界、チェチェンという錯綜した迷宮へ降りていった。
物語を書き、その目で見たものを記録していく。

のちにバプチェンコは、小説の形式でみずからの経験を伝えた作品、
『チェチェンにおけるある兵士の戦争』を発表する。同書はロシア国内で
賞を獲得したものの、検閲のために流通を妨げられた。これはロシア軍の
面目を丸つぶれにするような1冊だった。

バプチェンコはいま、かつてアンナが記事を執筆していた新聞
「ノーヴァヤ・ガゼータ」とともに仕事をしている。

対立の起源は18世紀にさかのぼる。皇帝(ツァーリ)の時代から現在に
いたるまで、反乱分子や独立派を抱えるチェチェンは、大国ロシアに
とっての「わき腹に刺さった棘(とげ)」だった。

1785年、宣教師としてコーカサスにやってきたベネディクト派の修道士の
指揮のもとに、チェルケス人、タタール人、チェチェン人の勢力が結集した。
この宣教師は、1000年前にバグダードを建都したカリフと同じく、
みずからをアル・マンスールと呼称した。アル・マンスールはツァーリの
ロシアに牙をむいた。彼の軍は6年間の長きにわたって、森林や山岳地帯で
ゲリラ戦を展開し、エカテリーナ2世の軍隊に応戦した。最終的には、
のちのロシア陸軍元帥ポチョムキンの前に膝を屈したが、そのころにはもう
アル・マンスールは伝説と化していた。

共産主義の時代、チェチェン共和国はソ連邦が貯蔵する原油の45%を
産出していた。スターリン政権下では、大規模な強制移住を経験している。
第2次大戦中には、なんとも奇妙な事態が生じた。捕虜となった
チェチェン人の兵士たちはドイツ兵に、どうか祖国に帰さないでくれと
懇願した。彼らは、シベリアの収容所(グーラーグ)に送られることを恐れたのだ。

石油の産出が減少した現在でも、天然ガス輸送の観点から、
チェチェンは戦略的要衝でありつづけている。

独立派の指導者は戦いを続けている。そのひとりであるシャミル・
バサエフは、かつてのアル・マンスールと同じように「預言者」と
呼ばれている。

軍を退いている最中、地雷原を通過せざるを得なかったバサエフは、
地雷で片足に大怪我を負った。免許もなにもない「にわか軍医」が、
バサエフの足を切断した。施術の様子はビデオで撮影された。
弱めの麻酔剤を打っただけのバサエフ　は、ぴくりとも表情を変えずに、
施術の痛みに耐えていた。

それまでの独立派のリーダーと同様に、バサエフもまたモスクワに
テロ攻撃をしかけた。41歳のとき、イングーシ共和国にある
秘密の隠れ家で殺害された。

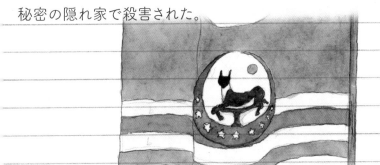

バサエフの死はチェチェン・ゲリラにとって大きな痛手だった。
だが、かくも根の深い対立の感情が、そう簡単に和らぐことはありえない。

1851年、まだ二十歳そこそこのレフ・トルストイは、
兄ニコライと連れだってコーカサスへ向かい、下士官として
従軍した。妻はこんな言葉を残している。「夫は子どもを
見捨てる気です。馬で駆け、戦争の美に見とれ、銃弾の
行き交う音を聞くのが楽しいのです…」

1855年3月、トルストイはようやく、自身が進むべき道を
見いだす。「軍隊でキャリアを積むのは私には向いていません。
じきに退役して、文学に打ちこむつもりです。その方がよほど
いいのです」

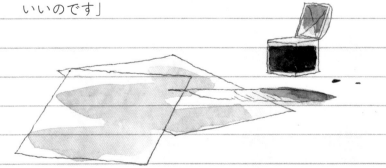

それは彼にとって、数多の旅と深遠なる省察の日々の始まりだった。

そのころロシアは、重大な社会的動乱のさなかにあった。時代は

農奴制の廃止に向かって進んでいた。

トルストイは治安判事よろしく、農民同士の係争をとりなし、

社会の不公正にたいする感覚を研ぎ澄ませていった。

それはやがて、彼の倫理的・文学的な探求にとって、

揺るぎない参照点、導きの星となるだろう。

戦場にて

アンナの記事より。19歳の兵士がグロズヌイの裁判所で
取調官の尋問を受けていた。青年が所属する第22旅団は
2001年の夏にチェチェンに駐屯していた。

トゥパルの母さん

息子は連れ去られたのかと思った。

息子は通りのすみに、ぼろきれのように捨てられていた。

息子は切り刻まれていた。

トゥパル…
トゥパル…

どうして
こんな

どうして…

どうして…

かつて頭があった場所には
もうなにもついていなかった。

頭は
ばらばらに
されて
いました

目も 歯も
耳も
なくなって
いました

ケモノ
だって…

ケモノだって
あんなふうに
殺されたりは
しません

左記（「トゥパルの母さん」）はザイナプ・ガシャエヴァが記録した証言による。ガシャエヴァはコーカサス女性委員会の委員長で、著名な人権活動家。

ザチストカ

ザチストカ。この奇妙な響きをもつ言葉は、「掃討作戦」を意味する
軍隊用語だ。だが、チェチェン人の虐殺の現場では、「ザチストカ」は
日常の営みであり、コーカサスに駐屯するロシア兵を楽しませる気晴らし
でもある。それは正真正銘の強奪であり、懲罰遠征にほかならない。
女性、老人、子どもといった無防備な人びとに、わけもなく暴力が
ふるわれる。ザチストカはドラッグのように、依存症を引き起こす。
ロシア国内に帰還した兵士たちは、それなしではやっていけなくなり、
ロシア人同士で略奪におよぶようになった。一日が始まって間もない
うちから、暴力の衝動にさいなまれる。新聞記事が伝えるところに
よれば、モスクワ演劇学校の襲撃事件を起こした犯人は、グロズヌイ
から戻ってきたばかりの兵士たちだった。その学校にチェチェン人が
通っていることを知った犯人グループは、床のうえで「泳ぐ」よう
生徒に強要し、教師にも凄惨な暴力をふるった。医師は、暴力を
断つことのできない帰還兵の心理状態を調べ、「チェチェン・
シンドローム」と命名した。いまでは有名な症状だが、それを
治療しようという人間はどこにもいない。

シャリー地方、ノーヴィエ・アタギ。グロズヌイ南部に位置する人口8千人の町。

2004年10月12日

兵士は朝早くにやってきて 町の
出入り口をすべて鉄条網で封鎖しました

そのあと
戦車や
ジープから
数えきれない
人数が
降りてきました

現場を目撃したサツィタの証言

兵士はザチストカを始めました

一軒
ずつ
順番に

それは2日のあいだ続いた。兵士は機関銃を構えて家のなかに
踏みこんでゆく。怒鳴って、脅して、殴りつける。

そら そら そら

早くしろ!

あ!

テロリストと武器を探していた。

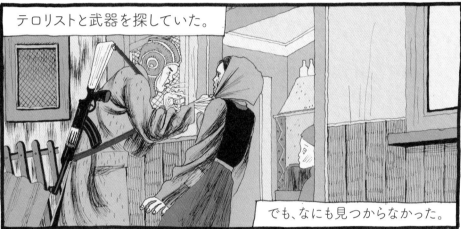

でも、なにも見つからなかった。

3日目の10月14日、兵士はまたやってきて、14歳から
60歳までの男たちが連れていかれた。

さっさと歩け
このクズども!

兵士は男たちを「濾過」するために、村の外の、鉄条網に
沿って並ばせた。

殺される
殺される

あああああああっ

村にいる反逆者を教えるよう、ひとりひとりに命令していく。
私の甥っ子も、手ひどく痛めつけられた。

まだ学校に通う子どもなのに。

そんなこと
甥が知るわけ
ないでしょう

最後に
4人の男が
連れていかれ
ました

サツィタ、58歳。
いまもノーヴィエ
アタギに暮らす。

ザチストカの最中に捕らえられた人びとがどうなったかは、
残念ながら、すでにはっきりとわかっている。

身代金を支払って、遺体を引きとることが許された場合は、
しかるべく弔ってやることもできる。

汚ない戦争

戦争はあと数か月で
終えられるだろう
だが 上層部は戦争の
終結を望んでいない

金もうけのためには
戦争が継続した方が
都合がいい
兵器 石油 ドラッグ
そのほか忌まわしい
商品を売買して
汚い手で荒稼ぎする

検問所で徴収する代金や、非合法なくず鉄の売買で
兵士は金を稼いでいる。

全員
降りろ

早く!

撃て!
殺し
ちまえ
ユーリ

ЗАЧИСТКА

ザチストカがもたらす
利益は計り知れない。
お前の親戚は拘束された。
情報が欲しい?
なら、金を払え。
親戚は生きてたぞ。
解放してほしい?
なら、金を払え。
拷問を受けて死んだよ。
埋葬してやりたいから
遺体を返してほしい?
なら、金を払え。

闇ルートを通じた石油の精製で
稼いでいる者もいる。

都市の復興計画さえも不正にまみれている。
何百万ルーブルという大金が、将官の
ポケットにそっと挿し入れられる。

強調しておきたいことがあって…目の前にいるのが過去にたくさんの命を奪ってきた人物であったとしても…

…それでもアンナは…その人がそうしなければいけなかった理由を探ろうとしました

拷問者にとってアンナは検事でありしかも同時に弁護人でもあったのです

私は英雄になった

私になにが残っているだろう？　なにも。私は人間でさえない。

英雄になりたかった。いまでは自分を憎んでいる。

誰が兵士になれと言った？　誰も。人の役に立ちたい、
誰かの命を救いたいと夢見ていた…

なにを求めていたのだろう？　足りないものなどなかった。
両親、美しい妻。私たちは大学を出たあとに結婚した。

これらすべてを、私は台なしにした。

「急進的なムスリムで
ありたいなら、そして、
割礼の準備ができているなら、
みなさんをモスクワに
招待しましょう…

ロシアは多宗教の国家であり
みなさんを手術することのできる
専門家がそろっています。切除した
部分からアレが再生することのない
ように、私からも専門家に要請して
おきます」ウラジーミル・プーチン
首相はこのように述べ…

現実に起きたことは、想像とはまるで違った。私は6か月もの
あいだ、ほかの若い新兵とともにお茶を飲んで過ごした。

そんな日々もやがて終わり、遠くの戦場へ…

…そこは、私の人生を狂わせた場所…

チェチェン、グロズヌイ

2002年10月

なんてこった、どれだけ撃てば気が済むんだ。

あそこはもう、生きるための場所じゃなかった。
特殊部隊のための射撃場だ。

グリャズヌイ・グロズヌイ。*

イリーナへ…

*「穢れたグロズヌイ」の意。

…お義母さんにマフラーのお礼を伝えてほしい。信じられない
かもしれないけど、昨日…

…コウノトリの群れを見たよ。

なぜ嘘を書くのかって？　両親にも、安心してもらえるような手紙を
書いた。ここで見たこと、経験したことについては隠しながら。

昨日、売店でヴァーニャとかいう男に会った。GRU*のメンバーだ。
やつは俺に聞いてきた。「お前、22師団か?」

「明日、チェルノコゾヴォに発つことが決まったぞ」。やつは酒を
飲みながら笑っていた。「あそこは地獄だ。地球のケツ穴さ」

* 国防省参謀本部諜報部

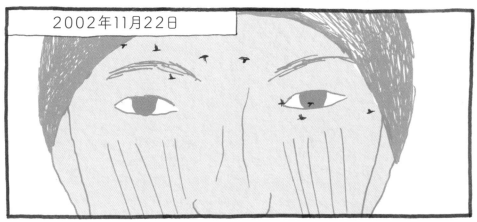

イリーナへ。ここでは電話が使えない。チェチェンは
なにもかもが不具合ばかりだ。

イリーナへ。最初の任務が終わったら休暇をもらえる。洗礼祭の
時期だと思う。帰ったらいっしょに川に行こう。

私は銃をとりあげられた。

この
腰抜けが

クソに
たかる
ハエの方が
マシだ

お前は
兵士じゃ
ないのか?

どたまを
ぶち抜いて
やりたいが
弾の無駄だ

頭がくらくらした。
背後で特殊部隊の
男たちが
笑っていた。

もともと死んでいたのかも…でも、たしかに呼吸していた。あえぎ声すら
発することなく事切れた。私はショックを受けた。男たちがなにか叫んだ…

次のやつ!

私は撃ちまくった。悲鳴を聞かないで済むように。

あの日、私はふたり殺した。

このことは戦友たちには話さなかった。みんな、
まだほんの子どもなのだ。

師団の仲間と森にいたことしか覚えていない。

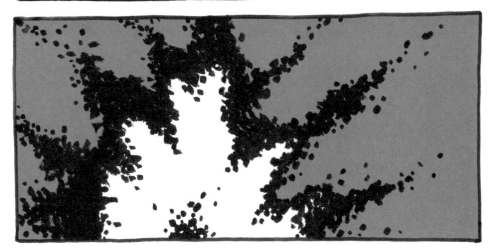

その先は…

病院…

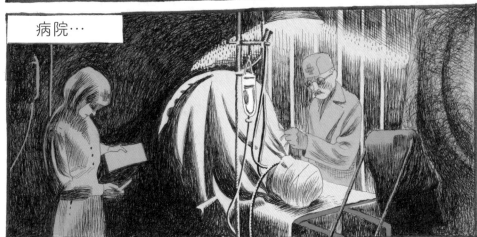

切断手術を受けた体。

こうして私は英雄になった。

チェチェン退役軍人のためのインターネット掲示板（Desantura.ru）より。

117

深刻な おそろしい出来事の数々が
進行していました チェチェンでの
アンナの重要な情報源はナタリア・
エステミロヴァでした ナタリアの
存命中 この事実はずっと
伏せられたままでした

いまではふたりの
あいだに協定が
あったことが
わかっています
アンナがグロズヌイに
滞在するときは
かならずナタリアの
家に泊まって情報を
もらっていました

アンナはアフメト・ザカエフとも
固い友情で結ばれていた。彼は
何年も前から…

…チェチェンにおける戦争犯罪の
情報と証言を集めていた。ふたりは
人道に反する犯罪を裁く仕組みを
制度化しようとしていた。

ザカエフは殺人事件の被告として
起訴されていて ロシアはずっと
彼の身柄引き渡しを要求していました
アンナはすこしも怯むことなく
彼と密に連携して仕事を続けました

アンナはロシアの元諜報部員の
リトヴィネンコとも知り合いでした
ポロニウム210を盛られて
ロンドンで毒殺された人物です
彼もザカエフとつながっていました

戦争犯罪を裁く未来の裁判を見据えて
アンナはザカエフに情報を提供した。
リトヴィネンコは、元諜報部員という
立場を活用して…

…FSB[*1]のメンバーに接触し、
多くの犯罪者を特定していった。

私はいま「特定」と言いました
なぜかというと
特殊部隊のメンバーは
任務を遂行するとき
フードキャップで顔を隠し
けっしてほんとうの名前を
使わないからです

彼らは内務省が発行した
偽の身分証明証を
携行しています

そのため、拷問者にかんしては偽名くらいしか情報がなかった。だが
リトヴィネンコの貢献により、彼らの真の素性が判明した。アンナたちの
協働は抜群の成果を見せた。3人はきわめて危ない橋を渡っていた。

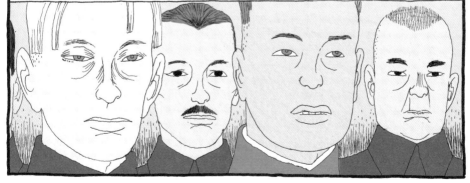

*1 ロシアの連邦保安庁　*2 極秘

私は
アンナの著書を
すべて訳しました
この仕事のために
アンナが残した
資料を注意深く
精査しました

アンナが人殺しに慈悲を
抱いているらしいことを
私たちはたびたび
感じとりました
拷問者もまた
ばらばらに壊れてしまった
あわれな人間だからです
この人たちはこの人たちで
困難な宿命を負っていました

こうしたことを
理解するには
作家の精神を
必要とします

アンナはとくに
トルストイと
ドストエフスキーを
愛好していました

150年以上も前のこと…

1849年4月23日、フョードル・ドストエフスキーは
反体制運動に参加した廉(かど)で逮捕され、死刑判決を
受けた。のちに、恩赦により終身の強制労働に減刑されたが、
当時のロシアに定着していたサディスティックな習慣により、
死刑囚射撃隊の前に立つまで恩赦の件は知らされなかった。

彼は精神的に打ちのめされた。おそらく、生涯にわたって
癲癇(てんかん)の発作に苦しむことになったのも、見せかけの銃殺刑の
トラウマが原因だろう。この経験の痕跡は
ドストエフスキーの多くの小説のなかに認められる。

1850年、シベリアに移送され、オムスクの要塞監獄で
刑期を過ごす。この経験から『死の家の記録』が生まれる。

模範囚として認められ、1854年に釈放されるものの、
その後は兵役を課される。中国との国境沿いに駐屯する
シベリアの第7大隊で、一兵卒として勤務する。

穴

アンナはチェチェンに向かって
いた。コーカサス地方のロシア軍
基地にまつわる、ある情報を
つかんだのだ。

そこでは、地面に深く掘られた
穴のなかに、市民が拘禁されて
いるという。

着きました

穴の開口部は木の板で
閉ざされている。

ロマノフ大佐と約束を
とりつけてある
これが通行証だ

数日間、自分の排泄物で
汚れた穴のなかで、
闇と寒さに包まれて過ごす。

アンナに情報提供したロシア人兵士によれば、この罰は
ときにロシアの軍人にも科されるという。

「ノーヴァヤ・ガゼータ」の
アンナ・ポリトコフスカヤです

ロマノフ大佐と面会の
約束をしています

アレクセイ・ロマノフが面会を
受け入れたのは、モスクワの
婦人と軽くおしゃべりを交わし
たかったからだ。

たんに
不法である
だけでなく
きわめて
侮辱的な
拘禁手段です

陰鬱な雰囲気の大佐は、相手が
何者なのかよく承知していた。

あなたに隠し立ては
しませんよ
ポリトコフスカヤ女史

なら
お認めに
なると?

認めるだけじゃない
期待以上のことをしよう
じゃありませんか

ご同行を

近ごろのモスクワは
どうですか

寒いですよ
コーカサスと
同じくらい

ああ 私も…
いつか私も…

ほら
ここです

悪名高い穴との対面だ。

調査が終わると、アンナはすぐに基地を去る
準備をした。

また検問だ

そこは特殊部隊の詰め所
だった。

とまれ！

アンナは降りるように言われ、
背中に銃を突きつけられたまま
そばのテントへ連れていかれた。

小さなこんろの前に将校がいた。
アンナはこんなふうに書いている。
「ゆがんだ唇のうえにほっそりと
ひげを生やした、にくらしい
顔つきの男だった。学校や大学の
教室でかならず見かけるタイプだ。
世界全体を憎んでいて、自分の
怒りを発散させるためにまわりの
人間に当たり散らす」

ドゥラコフという少佐だった。

お前は
ロシアの
敵だ

バサエフの
スパイめ

お前に生きる
価値はない

少佐が尋問に飽きると
もっと若い隊員が後を
継いだ。

脅しの言葉にたいした効果が
ないことを見てとると、
連中は手口を変えた。

バーニャとはロシア式のサウナのことだ。そこはリラックスのための
空間であり、ウォッカを飲んだり、女性と入浴を楽しんだりする。

この誘いがなにを意味するのか、アンナにはすぐにわかった。
だが、アンナは怯むことなく、きっぱりと拒絶した。

夜の闇が降りる…

準備
できました

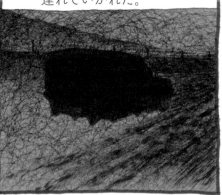

アンナは基地の外れへ
連れていかれた。

アンナの回想「なにも見分けの
つかない暗闇のなか…

…背中に金属のようなものが
触れるのを感じた…」

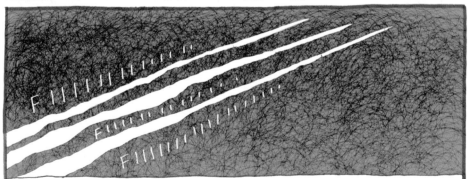

「すさまじい轟音があたりに響いた。ミサイルに特有の風切り音から
状況を把握した。多連装ロケットランチャーＧRADの本体に、
私は自分の背中を預けていたのだ」

「それは、基地からそう遠くない場所にあるチェチェンの村落へのじゅうたん爆撃だった」

BDOUM

BDOUM

「ミサイルの轟音のなかやつは叫んだ」

さあ 死ね！
お前が死んでも誰も気づきやしないぞ！

誰もなにも聞こえないんだ

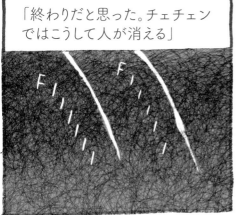

「終わりだと思った。チェチェンではこうして人が消える」

FIIIIII

FIIIIII

「私はうずくまり、声もあげずに泣いていた」

「それからドゥラコフは、その場を去るように命令した。私たちはテントに戻った。ショックのあまり口が利けなくなっている私に、迫害者は夜通し尋問を続け、なんの情報も得られずに終わった。トーチカのなかで終わりの見えない尋問の日々を過ごしたあと、私は突然に解放された」

「翌月はずっと、パニックの発作に見舞われた」

「軍服を着た人間と道ばたですれ違うたびに…

お前休暇は何日出た?

まる5日だよ

…反対側の歩道に移った」

おいおいさびしくなるな

5日なんてあっという間さ

「夜は悪夢にうなされた」

「ドゥラコフのひげが、私をどこまでも追いかけてくる」

忘れろ…

もう忘れろ

This is the end, beautiful friend···

Беслан

2004年9月1日、ベスラン。32名からなるチェチェンの武装勢力が第一中等学校に立てこもり、大人を含む1200名を人質にとった。

アンナは飛行機で現場へ向かった。

手荷物だけです

通路側で

かしこまりました

だが、機内で注文したお茶を飲むなり、気分が悪くなった。

お客様?

お客様?

機内にお医者様はいらっしゃいますか?

毒を盛られたのだ。

幸い、飛行機には医者が乗り合わせていた。

かなり心拍が
弱まってますね

着陸までどれくらいですか?

20分です

すぐに病院へ
運ばないとまずい

アンナは奇跡的に
一命をとりとめた。

ベスランには行けずに終わった。

携帯電話を
すべて渡せ

なにも喋るな!
質問にはロシア語で
答えろ!

武装勢力は「出会いの日」
とされる新学期の1日目を
狙った。学校には生徒だけ
でなく、多くの家族もいた。

チェチェンからのロシア軍の
即時撤退と、政治的影響力の
ある人物との対話の場の
設定が、犯人側の要求だった。

この事件には不可解な点が多くある。たとえば、テロリストが
チェチェン人なら、なぜ人質にロシア語で話すよう求めたのか?
第一中等学校では残虐行為が始まった…

武装勢力は約20名の成人男性を
ほかの人質から引き離して殺害した。
死体は窓から投げ捨てられ、子どもたちは
血に汚れた床の拭き掃除をさせられた。

最終的には、特殊部隊OMONの
銃口が火を噴いた。学校は殺戮の
場と化した。

アンナは毒を盛られて以後、死ぬまで肝臓と消化器に
不調を抱えこむことになる。

〈アンナの身にはなにも起きない〉。度重なる脅迫や加害行為にも
かかわらず、自分たちはそう思いこんでいた。あるインタビューの
なかで、アンナの仕事仲間はそのように語っている。まるでアンナの
勇気が、あらゆる危険を打ち負かす護符にでもなるかのように。
だが、実際には、アンナは死んだ。

ガリーナ・アッケルマンとの対話のなかで、私は繰り返し、
アンナはどういう人間だったのかと問いかけた。恐怖を前に、
戦慄を前に、アンナはなぜ後じさりせずにいられたのか？
多くの、あまりにも多くの問いが、開かれたまま残っている。
アンナは名誉をひじょうに重んじたのだと、彼女をよく知る
ガリーナは言っていた。だから、不正を前にして、見て見ぬ
ふりができなかった。「子どもになんて言えばいいの？
子どもに顔向けできなくなるわ」

おそらく、部分的にはこれで説明がつく。もうひとつ、より根が
深いのが、抑圧の感覚だ。「自由」がたんなる見せかけであり、
権力者はどのような罪を犯したところで「無関心」という
ヴェールに守られ、決して罰されることがない。そんな土地で
自分は生きているという感覚。19世紀の一部のロシア文学から
にじみ出るこうした倫理観が、アンナの精神を満たしていた。
アンナはロシアの最良の部分を体現していた。アンナが今日の
私たちに遺産として残してくれたのは、記憶への向き合い方では
ないだろうか。それは私たちに、目を閉ざさずにいるように、
顔を背けずにいるように促してくれる。紛い物の真実を
受け入れず、全身全霊で小さなものの価値を守り抜くこと。
私たちが人間でいられるのは、けっきょくのところ、
そうした価値のおかげなのだから。

辺獄

電車に揺られること数日、雪と氷に覆われた土地の奥深くへたどりついた。

辺獄とは、キリスト教以前の伝統では、魂が休らうための場所だった。

そのような意味で、私にはシベリアが辺獄に見えた。

寒い。人が生きる土地とは思えないほどに。

私は3冊の本を持参していた。

電報第181号。OGPU*¹部長代理G.G.ヤゴーダ及びOGPU機密作戦部局長E.G.エヴドキモフからOGPU地方支部へ、クラーク*²の大量追放にかんして。

1931年3月15日
管轄地域からのクラークの完全な排除を目的として、1931年5月から9月にかけて、地域一帯のクラークを連邦の辺境へ強制移住させる作戦を実行する。この作戦の準備として、以下の作業を進めること。

*¹ 合同国家政治保安部(ソ連邦の秘密警察)　*² 富農階級のこと

1. 管轄地域に居住している、追放対象のクラークの戸数を確定する（ここに、昨年度に土地を接収されたクラークの数を計上する）。

2. クラーク家庭の現住所、とりわけ家長の所在地を特定する。

3. 自宅および指定された土地から脱走したクラークの数を、信用の置ける情報源を利用して確定する。鉱山や工場で職を見つけた者、都市部に身を潜めている者を特定する。

4. コルホーズ*の構成を確認し、そこに合流したクラークの数を記録する。

5. この集団追放作戦のために、綿密な計画を策定する。

* 集団農場

6. 作戦遂行にあたっての覚書を、遅くとも4月10日までに、
OGPU機密政治部局に提出する。

ヤゴーダ、エヴドキモフ

GENRICH G. IAGODA

ゲンリフ・G・ヤゴーダ

特別追放者のための医療体制はまったく機能していなかった。
医療従事者はじゅうぶんに組織されておらず、新しい病院施設の
建造は遅々として進まなかった。医薬品は慢性的に不足していた。

トゥリン地区
同地区のコッシャ書記は、特別追放者の処置にかんして、医師に
以下のような命令を与えた。「打ち捨てておけ」。劣悪な環境、
生活必需品の欠乏、医療体制の不備などが原因となって、
疫病が急速に広がり、死亡者数が増大した。

イヴデリ地区

コンダ村にて、発疹チフスの罹患者が19名確認された。
ナジェージダ、キゼレフ、およびそのほかの地区でも、腸チフスと
発疹チフスの流行が認められる。

タヴリン地区では、特別追放者の7割が腸疾患（具体的には
赤痢）を訴えている。

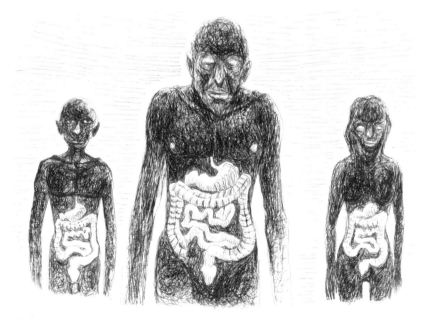

* チフス

1931年8月9日付、クラークの追放状況にかんするOGPU
機密政治部局の特殊覚書3号。

特別追放者の大多数は、森林の伐採、炭坑、建築素材の
製造といった職務に就いている。それ以外は、農地の開墾、
道路の建設、泥炭の生産に携わっている。

イルビツク地区

成人男性、女性、若年層の区分やノルマは、
明確に定められていない。13歳から15歳
までの若者も、1日に8時間かそれ以上、
石材やれんがを運ぶ重労働に従事している。

特別追放者は居住にはまったく適していない建物（古びたバラック、物置、納屋など）に暮らしている。カメン地区の62家庭は、野菜の保管所で寝起きしている。ロゴロの鉱山に振りわけられた労働者のうち、4分の3は屋根のない住居に暮らしている。

スクジエでは15人の特別追放者が、5日間の労働に従事するあいだいっさいの食事を提供されず、飢えに苦しめられた。

ナジェージダ地区

主要4区域でパンの配給が組織的に遮断された。特別追放者は、
干し草、葉、茎、雑草などで飢えをしのいだ。

* パン

1931年8月9日付、クラークの追放状況にかんするOGPU
機密政治部局の特殊覚書3号。

チュソフ地区。1日8時間労働の規則は守られず、特別追放者は
1日に12時間働いている。作業着の貸与はなく、仕事量と給金の
ルールは定まっていない。しばらく前から、給与が未払いの状況が
続いている。会計や帳簿の類いは存在せず、労働者は組織的に
搾取されている。

同様の状況がほかの地区でも認められる。責任者の多くは特別追放者の
ことを、無慈悲に搾取してかまわない労働力として認識している。
「クラークに人権はなく、クラークを守る者はいない」という考えに
もとづき、数え切れないほどの特別追放者が酷使されている。

一部の責任者にいたっては、自身の政治的目標は、特別追放者を
文字どおり抹殺することにあると公言している。常軌を逸した搾取は
地方組織の責任者によって奨励されていた。

限度を超えた負担を強いる仕事、児童労働、職務内容と労働者の
ミスマッチ、健康な成人男性と同等の条件で働かされる妊婦、
帳簿のごまかし…

…道徳的、身体的な侮辱行為、暴行、殺人。

異常なプレッシャーにさらされながら、昼も夜も働くことで、
特別追放者は義務を果たした。だが、その努力も長続きする
ことはなく、次々と命を落とす者が出てきた。

1区域だけで、3月のあいだに30人が死んだ。冬が終わるころ
には、特別追放者の約5割が働けない状態になっていた。

ノルマを果たさなかった罰として、ある特別追放者は雪のなかに
埋められた。

自力で這いだしてきたものの、また捕まり…

…また埋められた。

ルディン区の責任者の証言より。

ヴラジーミル・コロレンコ（19世紀末のロシアの作家）の娘が
ナジェージダ・クルプスカヤ（レーニンの妻）に宛てた手紙のなかに、
ウクライナの飢饉に言及している箇所がある。「数百万人が
死んだところで、たいした問題ではありません。いくらでも替えは
きくのだから」

この言葉は、ボリシェヴィキの上層部の見解を反映している。

1934年には、1932－33年の戸籍記録をすべて、
特別委員会に送付するよう命令が下された。これらの記録は
破棄されたと考えるのが妥当だろう。

この人たちは、存在しなかったことにされた。

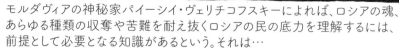

モルダヴィアの神秘家パイーシイ・ヴェリチコフスキーによれば、ロシアの魂、あらゆる種類の収奪や苦難を耐え抜くロシアの民の底力を理解するには、前提として必要となる知識があるという。それは…

正教の

信仰である

パイーシイは偉大なスターレツ*だった。彼はある重要な書物の普及に貢献した。

『フィロカリア』。「美への愛」を意味するこの書籍を、彼はロシア語に翻訳した。

露訳の題は『ドブロトリュービエ』

「ヘシカズム」という隠遁生活の規則について語り、絶えざる祈禱（きとう）の秘密を明らかにした。

ДОБРОТОЉУБЉЕ

*「長老」の意。東方正教会の霊的指導者を指す。

翻訳の底本となった原書は、1782年にヴェネツィアにて、スミルナの富裕な商人ジョヴァンニ・マグロヴォルダートの出資により刊行された。

この本はコリントの司教マカリオと、アトス山の修道士ニコデモス・ハギオリテが、協働で執筆した。パイーシイは巡礼の旅の途中で…

…ページがしわだらけになったこの本に、ずっと読みふけっていた。

ロシアの道々をめぐり歩いたパイーシイの日記は、世界中の読者の胸を震わせた。

ある晩、ガリーナ・アッケルマンは私に、ソ連時代の古い小咄を
語ってくれた。

あるユダヤ人がイスラエルに移住したいと考え、当局から許可を
取りつけて移住した。だが、さして時間のたたないうちに、
イスラエルは居心地が悪いことに気づき、ソ連に戻ってきた。

ところが、またしてもソ連を離れたいという思いが芽生え、
翌年に2度目の移住の許可を申請した。

さあ、イスラエルにやってきた！

なのに、今度もやはり不満を覚え、またソ連に帰ってきた。

翌年、このユダヤ人はイスラエルへの3度目の移住を申請した。

彼は移民局に召喚され、こう言われた。
「いいですか、ラビノヴィッチさん、このまま行ったり来たりを
続けることはできませんよ。ここできっぱりと決めてください。
ソ連とイスラエル、具合がいいのはどっちなんです？」

彼はぽりぽりと頭をかき、そして言った。
「具合がいいのは、旅してるときなんです」

終わり

ドニプロペトロウシク、キーウ、マクシム・ゴーリキー、メリトーポリ、ヤルタ、サンクト・ペテルブルク、モスクワ、
ヴラジーミル、ノヴゴロド、キーロフ、ペルミ、エカテリンブルク、チュメニ、オムスク、ノヴォシビルスク、
クラスノヤルスク、イルクーツク

　ガーリャ・セメニウクに感謝します。彼女の絶えざる援助と献身がなければ、この本が日の目を見ることはなかったでしょう。

　エドアルド・ブルニャテッリの精神的なサポートに、わが「コミックの兄弟」たるアラン・ダヴィド、ディディエ・ゴノル、アンドレア・マイモーネに、つねに忠実な伴走者であったルペル・ラ・フォルジャに、グラフィック関連の作業を担当してくれたキアラ・ダットラ、パスクアーレ・ラ・フォルジャ、レオナルド・グアルディーリに、編集担当のエレーナ・マリノーニ、デニス・シルヴェストリに、全体を統括してくれたキアラ・オリアーニとヴィオラ・ガンバリーニに感謝します。

　加えて、「Transiberiana.com」のステファノ・サッキテッラ、マルゼナ・ソワ、クラウディア・ベルゴンゾーニ、ニコラ・グリヴル、アンドレアに感謝します。そして、私にとって欠かすことのできない援助を提供してくれたガリーナ・アッケルマンの好意に、イリナ・ドミトリチェン、アラ・ラザレヴァ、イリヤ・ポリトコフスキー、ヴェラ・ポリトコフスカヤに、心からの感謝を捧げます。

訳者あとがき

　2006年10月7日、ロシアの新聞「ノーヴァヤ・ガゼータ」の記者であるアンナ・ポリトコフスカヤが、自宅アパートのエレベーター内で射殺された。ポリトコフスカヤはチェチェン戦争の調査報道に取り組んでいたごく少数の記者のひとりで、西側の世界からは「ロシアの良心」と評されていた。裏を返せば、ロシアの中央政府にとって、「ポスト共産主義」の腐敗を指弾するポリトコフスカヤは、つねに神経を苛立たせる存在だった。ポリトコフスカヤの国際的な名声が、彼女の命を守る「盾」となることを期待する向きもあったが、現実はそのようには運ばなかった。ポリトコフスカヤが殺された日は、ウラジーミル・プーチン大統領54歳の誕生日に当たる。

　ポリトコフスカヤが働いていた「ノーヴァヤ・ガゼータ」はロシアの主要メディアのなかで、「民主主義的知識人寄り」の最後の新聞と呼ばれていた（当局は「ノーヴァヤ・ガゼータ」の存在を根拠に、ロシアでも言論の自由が保障されていると強弁していた）。編集長のドミトリー・ムラトフは2021年にノーベル平和賞を受賞しているが、同紙で働いていた記者はそれまでに、ポリトコフスカヤを含め、じつに6名が殺害されている。市民に真実を伝えることは、ロシアでは文字どおり「命がけ」の行為なのである。ノーベル賞受賞の前日（2021年10月7日）、ポリトコフスカヤ殺害事件は時効を迎えたが、ムラトフは受賞演説のなかで、「ノーヴァヤ・ガゼータ」編集部はこの時効を認めないと表明した。その「ノーヴァヤ・ガゼータ」も、2022年のロシアによるウクライナ侵攻以後、政府の圧力によって活動の停止を余儀なくされた。現在では、国外に亡命した一部の記者が「ノーヴァヤ・ガゼータ・ヨーロッパ」を組織し、国際社会に向けて発信を続けている。

　本書『ロシア・ノート』（*Quaderni russi*, Mondadori, 2011）の著者であるイタリアの漫画家イゴルトは、2008年から2009年にかけてウクライナ

とロシアに滞在し、両国の大地によどむ「ソヴィエト的」なるものの残滓<ruby>滓<rt>ざんし</rt></ruby>をその目で見てきた。2010年にイタリアで刊行された『ウクライナ・ノート』（*Quaderni ucraini*, Mondadori. 日本語訳は花伝社）は、スターリンの中央政府によって人為的に引き起こされたといわれる大飢饉「ホロドモール」を中心テーマに据え、市井の人びとの視点から20世紀ウクライナ史をたどろうとした作品である。ひるがえって、『ウクライナ・ノート』の姉妹作である『ロシア・ノート』では、アンナ・ポリトコフスカヤの人生と仕事を振り返りながら、チェチェン共和国——作家でありロシア語通訳・翻訳家でもあった米原万里の言葉を借りるなら、「世界から忘れ去られたチェチェンという地獄」*1——の現実を物語ることを試みている。

　ロシア連邦南部、カフカス山脈の北嶺に位置するチェチェン共和国は、20世紀の終わりから21世紀のはじめにかけて、2度の大規模な戦争の舞台となった。第1次チェチェン戦争は1994年10月、ロシア連邦からのチェチェンの独立を阻止すべく、エリツィン政権下で勃発した。ロシア国防相のパーヴェル・グラチョフ将軍は開戦前、「1空挺部隊と2時間」で簡単に戦争を終えられると請け合った*2。この戦争は実際には、1996年秋、ロシア軍のチェチェンからの撤退という形で収束する。だが、独立への志向やロシアとの関係修復をめぐって考えを異<ruby>異<rt>こと</rt></ruby>にする勢力が入り乱れ、戦後のチェチェン社会は極度の混乱に陥ってしまう。1999年8月から9月にかけて、モスクワ、ブイナクスク、ヴォルゴドンスクで多数の犠牲者を出すアパート爆破事件が起こると、ロシア政府はこれをチェチェン人の犯行と断定、エリツィンの後継者に指名されていたプーチン首相が、第2次チェチェン戦争の開始を決断する。チェチェンの「テロリストども」に鉄槌をくだすことを国民に約束したプーチンだったが、戦争は泥沼化の一途をたどり、当局が戦争の終結を公式にアナウンスするまでには約10年の歳月を要した（実際には、終結が宣言されて以降も、独立派との戦闘は続いた）。『ロシア・ノート』の作中でも触れられているとおり、ポリトコフスカヤ暗殺の報に触れて、イゴルトは深いショックを受けたという。さらに、モスクワに到着した直後には、弁護士のスタニスラフ・マルケロフと、ジャー

ナリストのアナスタシア・バブロヴァが殺害されたことを知る。「紛いものの真実」（本書9ページ）では満足できない人びとが、ロシアでどのような末路を迎えるか、イゴルトはまざまざと思い知らされる。

　『ロシア・ノート』が「告発の書」としての性格を帯びていることは事実だが、かといって、イゴルトを「反‐ロシア」の描き手と即断するわけにはいかない。むしろ、イゴルトはひとりの創作者として、ロシア文化に深い敬意と愛情を抱いている。

　イゴルト（Igort）は本名をイーゴル・トゥヴェリ（Igor Tuveri）というが、イタリア人としては風変わりな「イーゴル」という名は、ロシア人のファーストネームであるイーゴリ（Игорь）をラテン文字に転写したものである*3。ロシア文化を愛する家庭に生まれたイゴルトは、まだ読み書きもできないうちから、祖母や両親の語りをとおして、ロシアの偉大な作家が紡いだ物語を聞きながら育った。チェーホフ、ツルゲーネフ、ゴーゴリ、それにトルストイやドストエフスキーは、イゴルトにとって「想像上の伯父」のような存在だった*4。ロシアの文学に幼少期から親しむ一方、長じてからはロシアの造形美術に魅了された。なかでも彼が親近感を覚えたのは、ロトチェンコやエル・リシツキー、あるいは（ロシアではなくハンガリー出身だが）モホイ＝ナジなど、20世紀前半に活躍した「アヴァンギャルド」の芸術家たちだった*5。絵画、彫刻、写真、デザインなど、複数のジャンルを軽々と越境していくこれらのアーティストは、漫画とは「混血の言語（linguaggio meticcio）」による表現であるとするイゴルトの考えに大きな影響を与えた。1980年代、ロレンツォ・マットッティやジョルジョ・カルピンテリらとともに、前衛漫画集団「ヴァルヴォリーネ」の一員として活動していた時期のイゴルトの仕事（**図版1**）には、ロシアの視覚文化への傾倒がはっきりと認められる。『ロシア・ノート』の執筆にあたっては、25年前に使用した資料をあらためて参照し、ロシアの空気を再現しようと努めたという*6。前作『ウクライナ・ノート』にかんしても、20世紀のロシア美術に通じた読者であれば、先人の仕事を換骨奪胎しようとするイゴルトの意図をただちに感知したことだろう（**図**

図版1 「ヴァルヴォリーネ」のメンバーとして活動していた時代のイゴルトの作品「恋するバラライカ」(*Balalaiche innamorate*, 1984)の1ページ。引用元は以下。Igort, *Pagine nomadi*, Coconino press, 2012, p. 15.

図版2 ロトチェンコ「「本」のための肖像」(上)の構図を模したと思しき『ウクライナ・ノート』のひとコマ(下)。

版2)。もちろん、イゴルトの作画を支えているのはロシアの芸術家だけではない。凄惨なエピソードを描く必要があるにしても、それが「暴力のポルノグラフィ」に堕することを避けるために、イゴルトはときに象徴的な表現手法に訴えている[7]。わずか2ページの描写でもって、読者の胸に消えることのない印象を刻みこむ「トゥパルの母さん」では、ひと目見てそれとわかる形でピカソ「ゲルニカ」の構図が転用されている(本書74ページ)。

　ポリトコフスカヤの仕事を振り返ることを主眼とした『ロシア・ノート』ではあるが、とはいえ、本書はポリトコフスカヤの手になる文章(日本語にも3冊の著作が翻訳されている[8])を単純に「漫画化」した作品ではけっしてない。ポリトコフスカヤの著書のフランス語訳者であるガリーナ・アッケルマンも指摘するように、そこには新たな物語、新たな証言が追加されている[9]。ジャーナリストではなく漫画家の、ロシア人ではなくイタリア人の目でポリトコフスカヤの仕事を見つめなおすことで、イゴルトはそ

の普遍的な価値を浮き彫りにしようとする。ポリトコフスカヤの著書とイゴルトの漫画に共通するのは、「声なき者」に声を与えようとする姿勢である *10。ポリトコフスカヤの著作には、ロシア人の国民性にたいする手厳しい分析も見られるものの、彼女が批判しようとするのはあくまで「体制」の側の人間であって、（軍隊の兵卒を含む）名もなき市井の人びとを攻撃する意図はない。これはイゴルトにしても同様であり、その証拠に、本書のなかでももっとも痛切な一篇「私は英雄になった」は、チェチェンの民を無慈悲に弾圧する側の、ロシア軍の一兵士に寄り添うようにして描かれている。アッケルマンはポリトコフスカヤのことを、拷問者にとっての「検事」であり、しかも同時に「弁護人」でもあったと評しているが、イゴルトもまたポリトコフスカヤのこうした立場を共有している。

　2022年秋に刊行された『ウクライナ・ノート2──侵略の日誌』（*Quaderni ucraini. Diario di un'invasione*, Oblomov）は、ロシアによるウクライナ侵攻が始まってから約100日間の記録を、漫画の形で表現した作品である。イゴルトの主たる情報源となったのは、ウクライナ人である妻ガーリャの親戚や友人たちだった。ロシアの文化を心から愛し、ウクライナ人を伴侶にもつイゴルトが、侵攻の第一報を耳にしたときどのような感情に襲われたか、想像するだに胸が痛む。イゴルトは今作でも、先行する『ウクライナ・ノート』や『ロシア・ノート』と同様に、地政学者や軍事評論家が語る「大文字の歴史」ではなく、「声なき者」の小さな物語を書きとめることに専心している。政治的なメッセージを伝えるよりも、あくまで事実の記録に徹しようとした著作ではあるが、作品の末尾には、チェチェン戦争とウクライナ侵攻を引き起こした張本人、プーチン大統領へのメッセージが綴られている。

　人を牢屋に入れたり殺したりすることはできても、思想にたいして同じことはできないと歴史が教えている。むしろ思想は、抑えつければ抑えつけるほど、ますます増殖し流通していく。
　それこそが、あなた［プーチン］がドストエフスキーから、プーシキンから、ゴー

ゴリから、アフマートヴァから、ブルガーコフから、フロレンスキィから、ブロツキーから、ポリトコフスカヤから学ぶべきことだ。

プーチンよ、世界は自由だ。あなたとその取り巻きがどう思おうとも。＊11

そして、上の言葉が記された次のページでは、作品の冒頭に置かれた警句（「戦争とはつねに、汚ない戦争である。そこには叙事詩も栄光もなく、ただ苦しみだけが存在する」）が反復されている。この「汚ない戦争」という言葉は、本書『ロシア・ノート』のなかにも見られる表現である（85ページ）。私たちが暮らす社会には、いまのところはまだ、汚ない戦争を批判する「自由」がある。それがどれほど貴重であり、かつ、容易に失われうるかということを、アンナ・ポリトコフスカヤの生と仕事が、私たちに教えてくれている。

本書の翻訳・刊行にあたっては、花伝社の須賀美月さんにたいへんお世話になりました。また、ロシア文学の研究者であり、文学作品におけるチェチェン戦争の表象についても論文を執筆されている岩本和久先生（札幌大学）には、ロシア語固有名詞のカタカナ表記についてチェックしていただいたほか、専門的な観点からさまざまなアドバイスをいただきました。作家、詩人、翻訳家であり、日伊の漫画をこよなく愛するマルティーナ・ディエゴさんには、ゼロカルカーレ『コバニ・コーリング』、イゴルトの前作『ウクライナ・ノート』に引きつづき、丁寧に拙訳を見ていただきました。今回も、ディエゴのおかげで多くの間違いを修正することができました。この場を借りて、皆さんにお礼を申しあげます。

イゴルトの漫画を通じて、チェチェンの「声なき者」たちの声が、日本の読者にも届くよう願っています。

2023 年、佐倉にて
訳者識

＊1　米原万里『打ちのめされるようなすごい本』文春文庫、2009年、239頁。

＊2　ゲオルギー・デルルーギアン「何が真実か？」、アンナ・ポリトコフスカヤ『チェチェン　やめられない戦争』三浦みどり訳、日本放送出版協会、2004年、387頁。

＊3　イゴルトの父親は作曲家であり、「イーゴル」という名前の由来のひとつに、中世ロシアの叙事詩『イーゴリ遠征物語』をもとに書かれたアレクサンドル・ボロディンのオペラ『イーゴリ公』があるという。以下を参照。https://www.repubblica.it/robinson/2022/03/10/news/igort_vi_disegno_la_mia_ucraina_e_i_suoi_eroi-340825432/?ref=search

＊4　Igort, *Pagine nomadi*, Coconino press, 2012, p. 11.

＊5　Id., p. 13.

＊6　Id., p. 108.

＊7　Id., p. 99.

＊8　『チェチェン　やめられない戦争』前掲書、『プーチニズム　報道されないロシアの現実』（鍛原多惠子訳、日本放送出版協会、2005年）、『ロシアン・ダイアリー』（鍛原多惠子訳、日本放送出版協会、2007年）。版元に問い合わせたところ、以上３作はいずれも「販売終了」の扱いで、再版の予定はないという。ポリトコフスカヤの著作への日本語でのアクセスが難しくなっている現状において、彼女の仕事を振り返る『ロシア・ノート』の翻訳をこのタイミングで刊行することには、少なからぬ意義があると訳者（栗原）は考えている。

＊9　Igort, op. cit., p. 130

＊10　https://www.lospaziobianco.it/quaderni-mistici-igort/

＊11　Igort, *Quaderni ucraini: Diario di un'invasione*, Oblomov, 2022, p. 164.

作者：イゴルト (Igort)

1958 年、イタリア・サルデーニャ生まれ。イタリアを代表する漫画家のひとり。日本での活動歴もあり、90 年代には雑誌「モーニング」で連載を持っていた（単行本『Yuri』やまねみどり訳、講談社、1996 年）。2015 年、東京のイタリア文化会館にて、谷口ジローとの二人展「歩くひとたち」を開催。代表作『5 は完璧な数字（Cinque è il numero perfetto）』の執筆に取り組んでいた 90 年代には東京に暮らしていた。2015 年に第 1 巻が刊行された『日本ノート（Quaderni giapponesi）』という作品でも、複数の漫画賞を受賞している。2010-11 年、ウクライナ、ロシアに 2 年間滞在した経験をもとに、『ウクライナ・ノート』、『ロシア・ノート』を刊行。2022 年 10 月、ロシアによるウクライナ侵攻を受け、『ウクライナ・ノート 2 ——侵略の日誌』を発表。

訳者：栗原俊秀（くりはら・としひで）

翻訳家。1983 年生まれ。訳書にイゴルト『ウクライナ・ノート』、ゼロカルカーレ『コバニ・コーリング』（花伝社）、アントニオ・スクラーティ『小説ムッソリーニ　世紀の落とし子』（河出書房新社）、ジョン・ファンテ『ロサンゼルスへの道』（未知谷）など。カルミネ・アバーテ『偉大なる時のモザイク』（未知谷）の翻訳で、須賀敦子翻訳賞、イタリア文化財文化活動省翻訳賞を受賞。

翻訳協力：岩本和久（札幌大学）
　　　　　ディエゴ・マルティーナ

ロシア・ノート——アンナ・ポリトコフスカヤを追って

2023 年 6 月 10 日　初版第 1 刷発行

著者 ——————— イゴルト
訳者 ——————— 栗原俊秀
発行者 —————— 平田　勝
発行 ——————— 花伝社
発売 ——————— 共栄書房
〒 101-0065　　東京都千代田区西神田 2-5-11 出版輸送ビル 2F
電話　　　　　　03-3263-3813
FAX　　　　　　03-3239-8272
E-mail　　　　　info@kadensha.net
URL　　　　　　https://www.kadensha.net
振替　　　　　　00140-6-59661
カバーデザイン — 北田雄一郎
印刷・製本 ———— 中央精版印刷株式会社

ISBN978-4-7634-2067-1 C0022

ウクライナ・ノート
──対立の起源

作：イゴルト（Igort）
訳：栗原俊秀
定価：2200円

●ウクライナとロシアの対立の原点は？
大飢饉「ホロドモール」を生き抜いた人々の証言。
グラフィック・ノベルで描くウクライナ近現代史。

イタリアを代表する漫画家が、現地での聞き取りをもとに、
ウクライナの苛烈な歴史を背負う人びとの生き様を描く。

私はウクライナ人の物語に耳を傾け、本に描くことに決めた。
それはたんに、私にとっても、胸にしまっておくことが難しかっ
たからだ。ここに描かれているのは、道ばたで偶然に知り合った
人びとの物語。鉄のカーテンにきつく抱かれた状態で生まれ、
生きる運命にあった人びとの身に起きた現実の物語だ。(本文より)

シベリアの俳句

文：ユルガ・ヴィレ
絵：リナ 板垣
訳：木村 文

定価：2200円

●1940年代、シベリアの強制収容所。
ソ連軍によって占領地から
強制移送された少年は、短く美しい
日本の「詩」に出会う――

大冒険に憧れる13歳の少年アルギスが辿
り着いたのは、極寒のシベリア。
それは、長く厳しい「はなればなれの旅」
だった――
極寒の流刑地で、少年は何を見たか？
実話を元に描かれた、リトアニア発の
グラフィックノベル。

コバニ・コーリング

作：ゼロカルカーレ
訳：栗原俊秀

定価：1980円

●推薦：安田純平氏（ジャーナリスト）
「漫画だから表現できる世界の真理がある。
文章や映像、写真だけでは戦争は
描ききれない。戦場の現実をここで
追体験してほしい。」

日本オタクのイタリア人漫画家は、対イス
ラム国（IS）防御の砦となったシリア北部・
クルドの町で何を見たのか。イタリア人気
No.1漫画家　12万部超えのルポルター
ジュコミック、ついに日本上陸！